LA LÍNEA CURVA QUE LO ENDEREZA TODO... TU SONRISA

LA LÍNEA CURVA QUE LO ENDEREZA TODO... TU SONRISA

César Ortiz Albaladejo
César Poetry

Textos: César Ortiz Albaladejo
Prólogo: José Ángel Gómez Iglesias (Defreds)
Diseño portada: Rachel's Designs
Fotografía solapa: José Javier Díaz Lázaro

Realizado en España (UE)

«Muere lentamente
quien no voltea la mesa
cuando está infeliz
en el trabajo,
quien no arriesga
lo cierto por lo incierto
para ir detrás de un sueño,
quien no se permite
por lo menos una vez en la vida,
huir de los consejos sensatos.

Evitemos la muerte
en suaves cuotas,
recordando siempre
que estar vivo
exige un esfuerzo
mucho mayor
que el simple hecho
de respirar».

Martha Medeiros.

A mi madre.

Sientes que,
fuera quien fuese
quien repartiera
la felicidad
en el mundo,
a ti te tocó
la mejor parte,
la mejor porción,
la mejor vida.

Gracias.

PRÓLOGO

@DEFREDS

Escritor de sonrisas

César escribe sonrisas.

No necesita nada más que poner a funcionar su mente y salen miles de momentos que, de una manera u otra, te hacen sonreír.

Seguramente no existe un objetivo más bonito que ese, que el mundo sonría sin parar.

Adentrarte en las páginas de este libro es un privilegio. Puedes leer una página en cualquier lugar. Durante horas o simplemente si tienes treinta segundos sueltos. Siempre habrá una frase que te sorprenderá.

Nada tiene más calidad que lo que te hace verdaderamente feliz. Y eso siempre será lo más difícil. Él es feliz escribiendo.

No esperes más, César lo ha dado todo, yo solo te aviso. Aquí dentro hay sueños. Cierra los ojos antes de volver a abrirlos y pasa la página.

Defreds

COMENTARIO DEL AUTOR
CÉSAR POETRY
A ti, lector

Siempre he pensado que el escritor lleva una bomba de literatura dentro de su ser. Si te gusta escribir, no existe manera alguna de desactivarla.

Desde bien pequeño empecé a escribir historias, diarios, cuentos... fue ahí cuando en mi interior empezó a elaborarse, mediante los sentimientos y las emociones, esa bomba a la que yo llamo «de literatura».

A los quince años me presenté a un concurso de escritura con una compilación de relatos a los que llamé «Aspectos de la vida». Ese día fui solo a entregar aquellos relatos, no se lo conté a nadie, quizá tenía miedo del «qué dirán, qué pensarán...» (ahora sé que ese es uno de los peores pensamientos que tiene el ser humano).

Fue ahí cuando mi bomba interior comenzó a crecer, haciéndose cada vez más inteligente, más grande y más destructiva.

Los años fueron pasando, y un octubre de 2015 —como se veía venir— mi bomba interior explotó, y con ella, todo lo que llevaba dentro. Sentí la necesidad de comenzar a plasmar en papel todo aquello que tenía escondido en lo más profundo de mis entrañas.

Y así comenzó César Poetry y este libro que ahora tienes entre las manos.

Este libro que hace que nos unamos tú y yo que pasemos de ser dos desconocidos a dos amigos encontrándonos, en las historias comunes que se esconden entre estas páginas.

Y aquí estamos, los dos, cogidos de las manos, mediante los

agarres del papel, dispuestos a detonar todos y cada uno de nuestros sentimientos.

Gracias por acompañarme en este viaje en el que ambos somos pasajeros.

César

LA LÍNEA CURVA QUE LO ENDEREZA TODO...

TU SONRISA

EL MUNDO

El mundo no es
de quien se despierta primero,
sino de quien se levanta con una sonrisa.

El mundo no es
de los que andan recto,
sino de los que consiguen mantenerse de pie
aun cuando se están cayendo en pedazos.

El mundo no es
de los que hacen lo correcto,
sino de los que disfrutan haciendo lo correcto.

ESO CREÍA

Todo comenzó entre cervezas aquella noche, nunca una chica me había invitado a una y tú la dejaste caer en aquella mesa sin preguntar.

«Una segunda cerveza con una chica...», después de varios años de soledad, acabas midiendo el interés en flores de lúpulo. «Dos cervezas...», le intereso. Eso creía.

Luego vinieron los días de cine, de manta y palomitas, los días en los que ya no trasnochaba con mi aislamiento. Días de instantes pintados con acuarela de sonrisas.
Eso creía.

Más tarde vinieron los meses de facturas de teléfono caras, de listines solo con un 637, de cepillos de dientes sobre mi lavabo. «Estoy volviendo a sentir...»
Eso creía.

Entonces fue cuando llegaron los días sin miedo, donde volví a dejarme llevar por los huecos en los que un día caí y prometí no volver a rellenar.

Fue entonces cuando se empezó a construir esa extraña teoría de que el amor es todo aquello que dura el tiempo exacto para que sea inolvidable.

Y comencé a olvidar mis temores, mis fatigas, mis agobios y a dejarme llevar (como me prometí jamás hacer) por la inconsciencia de sus curvas.
Y ahí fue, donde perdí la partida, donde volví a perder el norte, mi norte.

Donde volví a quererte y pensar (como me juré jamás hacer) que el amor puede ser un sentimiento recíproco, que tú también sentías.
Eso creía.

TUS HUECOS

¿Sabes por qué creo
que me he enamorado?
Porque me encanta
cada uno
de tus atropellos,
de tus dudas,
de tus inciertos.

Porque no razono
lo que está claro y sereno.
Porque me gusta cada una
de tus ambigüedades,
de tus confusiones,
de tus rodeos.

Tu insensatez,
tu descuido y desacierto.
Enamorado
de tus lapsus,
de tu torpeza,
de tus huecos.

EL TIEMPO

Espérate —me dije…

Y,
con el tiempo,
todo
llegó.

LA LINEA CURVA QUE LO ENDEREZA TODO

Qué tal si nos dejamos llevar,
si volvemos a empezar,
a distorsionar, a hablar,
si volvemos a caminar.

Qué me dirías si te propongo
dejar la tristeza de lado,
y comenzamos a llenar
nuestro mundo de carcajadas,
de esas que alimentan los días abandonados.

Qué tal si olvidamos la distancia,
la diferencia, la frialdad
y comenzamos a recordar lo que nos unió,
suma a suma, mitad a mitad…

Que pensarías si hoy te llamara,
de noche, entre las horas,
y te propusiera partirnos en abrazos,
para luego, poco a poco,
ir uniendo nuestros pedazos.

Y entre sueños jugar al escondite,
donde siempre te encontraré.
Un «piedra, tijera o papel»
en el que eternamente
lograremos vencer.

Y si paramos el tiempo,

y nos desgarramos los labios,
y hacemos el amor,
durante todo el día, varios…

Por qué no nos centramos en lo increíble,
y creamos lo inimaginable…
y así cortar dos mundos enteros
y conseguimos lo que nadie:
lograr lo improbable.

Y qué tal si te propongo un día cualquiera,
cuando te vea indecisa,
clavar tus ojos, lentamente, en mi vida
y con la mirada que con tus iris,
cada viernes improvisas,
mueves la línea curva que lo endereza todo,
tu sonrisa.

VIVIMOS RÁPIDO

Vivimos esperando
a que la vida nos espere.

La vida es lenta, muy lenta,
y nosotros vamos rápido, muy rápido.
Comemos rápido,
hablamos rápido y dormimos rápido,
mientras la vida no entiende
de esos espacios temporales estresados.
La vida es eso que pasa
mientras nosotros corremos.

Vivimos esperando el momento perfecto,
sin utilizar el momento y hacerlo perfecto.
Ese momento donde nos preocupamos más
por lo material que por nosotros mismos.

Vivimos esperando
que la jornada termine para llegar a casa,
vivimos esperando que sea viernes
(olvidando que el que no es feliz un miércoles
tampoco lo será el fin de semana).

Vivimos esperando que lleguen los puentes,
las vacaciones, el verano…

Vivimos esperando que pase algo,
y lo único que pasa
es la vida.

EL COMPÁS DE MI MÚSICA

Quiero que seas la orquesta
que dirija mi vida.
Que tus cinco uñas
arañen un pentagrama en mi espalda.

Quiero que nuestros silencios
después vengan acompañados de música,
de esa que se escucha por los oídos
pero muere en el corazón.

Quiero que seas
mi clave de sol,
de fa
o mi clave de do.

Quiero que seas
el sostenido
de todas y cada una
de mis melodías.

Y así,
bailar con los sueños,
noches y noches,
días y días.

AUNQUE TÚ NO LO SEPAS

Aunque tú no lo sepas,
ayer te dije: «Buenas noches, princesa»
y borraste todos los jodidos desastres
que había tenido en mi día.

Aunque tú no lo sepas,
he trazado
las siluetas de tus sonrisas
en mi almohada
para rozarme con ellas
cada vez que me desvelo.

Nunca lo sabrás,
pero ayer soñé que saltábamos charcos
mientras yo te decía: «¿Vamos?».
Tú cerrabas los ojos
y contestabas: «Donde sea».

También te he hecho el amor toda la noche,
lento,
como lo hacíamos los sábados por la tarde,
gritándole al tiempo
que habíamos descubierto su secreto.

Aunque tú no lo sepas,
ayer me dijiste de conquistar el mundo.
De «no envejecer» estando juntos,
de vernos cada mañana con diferentes ojos
y comernos la piel a sonrisas.

MAR(TES) DE DUDAS.

Apareciste lento, como los barcos.
Rompiste fuerte, como las olas.
Y te fuiste rápido, como el viento cuando levanta la falda de tus sonrisas.

Enlazando los días con las cuerdas de tus ojos, te besé un domingo, desde entonces, no volvió a existir para mí ningún lunes.

Siempre saltaba a ese mar(tes) de dudas, fingiendo ser un aliado del olvido. Del olvido de tus pestañas, del olvido de tus uñas, del olvido de todas las noches en las que soñábamos con ser libres.

Creo que nunca pensé en lo que significaría sentarme a tu lado en aquel autobús y sonreír. Nunca pensé que en esa línea curva, terminaría derrapando por la nieve de los inviernos.

Creo que nunca supuse que jamás podría escapar de ti, cuando sonreíste a la Luna. Porque ahora, me persigue todas las noches, gritando tu nombre.

Eres eso

Eres eso

que cuesta dejar de querer,

porque empecé a quererte

sin querer.

RADIO CASSETTE

Estaría perfecto que se pudiera volver hacia atrás.
Rebobinar el *cassette* de nuestras vidas.
Ese con el que apretaste el *Play*,
pero se te olvidó pulsar el *Stop*.

Sería ideal que nuestros sueños ya no se cruzaran,
y en el descansillo de la autovía de la razón,
ya no almuerce tus besos, tus abrazos, tus locuras...

Estaría genial que no te recordara tanto y te olvidara tan
poco.

Que mi loca cabeza entendiera
que la vida son dos días
y uno de ellos no se puede malgastar con cualquiera.

AJEDREZ

Jaque mate
sin opción de movimiento,
sin opción de recular,
sin opción de perderme
por las casillas de tus figuras.

Porque has derribado
cada una de mis torres,
esas que construí a lo alto,
para ver cuándo llegabas
en tus días nublados.

Sí,
eres la reina...
eres mi reina
porque con tu sonrisa lo giras todo,
todo.

Recuerdo cuando,
iluso de mí,
puse mis alfiles en guardia,
para que si algún día venía una guerrera como tú,
no te dejasen pasar,
entrar en mi castillo y avisar a cada uno de mis peones
para que rompieran tus armaduras,
quebraran tus lanzas,
catapultaran tus escudos.

Pero ya está,
has ganado esta guerra,
soy tuyo.

Completamente tuyo.
Dispárame con las flechas de tus ojos,
esas que se inyectan
en cualquier mirada medio gris.

Clávame tus espadas,
afila las puntas de tus colmillos con ellas
y muérdeme hasta que llegue la noche,
el momento en el que saco mis caballos
para recorrer cada centímetro de tu cuerpo,
trotar en cada una de tus curvas,
adentrarme en cada uno de tus deseos.

CASUALIDADES

Quizá no sabes que daría la vuelta al mundo solo por besar tu espalda.

Y después, bajar por tu columna vertebral hasta que se disipen todas y cada una de tus dudas.

Quizá no sabes que deseo que nos arañemos como gatos salvajes, para poder vivir siete veces este preciso momento.

Quizás algún día se esfume toda tu inseguridad y sepas que si no caí al tropezar en la misma piedra dos veces, fue porque me agarré a tu mano.

   A tu mano y a tu sonrisa. Esa que me hace enloquecer cuando te coges el último trozo de pizza los viernes. Y me dices que era tuyo, porque yo ya me he comido más de la mitad.

Esas son las pequeñas cosas que hacen más grandes tus ojos, que me vuelva loco con tu mirada, y no vea más allá de una vida contigo.

Quizá no sabes que nos conocimos por casualidad. Y así, causando, te has convertido en la casualidad más bonita de mi vida.

Desde el día que vi a lo lejos esa línea curva, en tu rostro, que lo endereza todo y supe que la necesitaba siempre cerca.

MENOS Y MÁS

Enfadarse menos,
sonreír más.

Hablar menos,
escuchar más.

Juzgar menos,
comprender más.

Esperar menos,
hacer más.

Quejarse menos,
agradecer más.

Pensar menos,
vivir más.

ZUMO DE NARANJA

Esta mañana
no quiero zumo de naranja.
¿Sabes lo que quiero?

Quiero que exprimas mis emociones,
fuerte,
que todas ellas salgan hoy.

Que explotes
todos los grumos
que filtran
mis sonrisas.

Esta mañana
quiero desayunarte,
y beber el jugo
de tus deseos.

Esta mañana
solo quiero
que tú seas
mi zumo de naranja.

HACERTE SONREÍR

El mundo
no lo cambiamos
ni tú ni yo.

Lo cambia
tu sonrisa,
y mis ganas
de hacerte sonreír.

Así que prepárate,
porque curvar
la línea recta de tu rostro
son todos los planes que tengo
para este mes.

MATEMÁTICAS EN JÚPITER

A veces pienso
que tengo un problema.
Una ecuación
sin un resultado
que dé el producto
de tu amor.

Y yo me pregunto:
¿cómo se puede resolver
un teorema
que te supera de nivel?

Sabes que
contigo las matemáticas no me salen.
Me siento como en Júpiter un Alien
sin saber dónde empezó todo.

¿Y sabes qué...?
Tus raíces ya no son tan cuadradas,
veo tus vértices y aristas deterioradas
en un pasado que nunca se calculó.

ZAPATOS

Eso que un día
me dijeron
que no tenía
ni pies ni cabeza…
hoy lleva
sombrero y zapatos.

OCHENTA Y SEIS MIL MILLONES DE NEURONAS

¿Sabes…? No sé qué has hecho
en las ochenta y seis mil millones de neuronas
que habitan mi cerebro.
Qué les has hecho
a cada uno de mis somas, de mis dentritas,
de mis minúsculos axones.

Cómo has conseguido
mandar esos mensajes electroquímicos
para que mis neuronas sólo quieran
devorarte…

Dime cómo haces
que mi sinapsis
solo esté pensando en tus huesos,
en tu cuerpo,
en la forma de moverte
mientras me miras encima de mí.

Porque solo pienso en
besarte,
comerte,
morderte,
arañarte…

Y es entonces cuando penetro,
penetro en tus sentimientos,
tus ganas, tus locuras pasadas.
Y nos revolvemos,
nos revolvemos entre las sábanas de la vida,

entre los agarres de las uñas,
entre los sudores de la pasión.

Y tú gritas y yo callo
y yo grito y tú contienes
lo que es incontenible ya entre nosotros.

Y sale,
sale todo,
las ansias, el afán,
el delirio, la lujuria…

Y entonces,
como dos almas destrozadas,
caemos en esas
aún más destrozadas sábanas
y miramos hacia el techo,
ese techo
que jamás podrá tapar
la pasión que existe
entre nosotros.

Mi primer bocado

Hoy

me voy

a comer el mundo.

Y tú

vas a ser

mi primer bocado.

ERES DROGA

Todavía
no he encontrado
una droga
que adicte más
que tus besos.

Ni el insecticida
que mate
tus mariposas
de mi estómago.

A veces
tengo miedo de ti
por si alguna vez al devorarte
muero de sobredosis.

¿DÓNDE?

¿Dónde se guardan los besos
que nunca se dieron?
¿Dónde se sitúan los abrazos
que nunca se enlazaron?
¿En qué lugar de la vida
se archivan las sonrisas
que nunca sonrieron?

No creo que me recuerdes
ni que yo consiga olvidarte.
Pero sí pienso
que siempre te recordaré
y que en cada uno de esos recuerdos
tú siempre conseguirás olvidarme.

¿Dónde se encuentran los motivos,
las casualidades,
las noches en vela,
los cientos y cientos de mentiras
y no verdades?

¿Dónde se guardan las caricias
que nunca llegamos a acariciar?
¿En qué punto cardinal
se orientan los momentos
que jamás vivimos
y siempre
soñamos
con soñar?

TSUNAMI

No te pido que ahora me entiendas.
Solo te pido,
que cuando pase
todo este terremoto de sentidos,
y con él,
este tsunami de sentimientos,
y entonces
tú quieras volver,
comprendas
que nunca se sabe
cuándo puede llegar otro maremoto,
y descifres,
que cuando te ahogues
y te cueste respirar,
mi brazo ya no estará ahí
para sacarte del agua
y comenzar a navegar.

LIQUIDACIÓN POR CIERRE

Las veces que te pienso
son el doble de las veces que te olvido.
No salen las cuentas... ¿verdad?
pero es así. Tenlo claro.

Y ahí,
en mi rinconcito de memoria,
ya te he hecho tu hueco, tu sofá,
una estantería para que puedas dejar
todas tus cosas.
Desordenadas si quieres,
como dejaste mis sentimientos
el día que te fuiste.

Puedes traértelo todo...
Todo.
Total, ya está en él tu sombra
tapando toda silueta
que pueda producir mi luz.

Y no solo eso,
en la puerta de ese rinconcito,
ya no dejo entrar amor,
ni siquiera por aquellas grietas más profundas,
que el tiempo no ha hecho más que agrandarlas,
solo dejo entrar labios vacíos
que me visitan de vez en cuando
o yo los visito a ellos,
anecdóticamente,
nunca llevamos una botella de vino de regalo.

Desde entonces
intento hacer una liquidación de mis sentimientos,
a ver si entra alguna oferta
que desbarajuste mis sentidos,
y pueda bailar con los cambios,
no pisar más los pies de la rutina.
Mi rutina, tu rutina,
mis recuerdos, tus recuerdos...

En esa puerta
hace tiempo que nadie puede entrar,
quizá son ya tres o cuatro inviernos,
sobre todo desde ese día
en el que colgué aquel cartel,
que el tiempo todavía lo mantiene
y no sé hasta cuándo durará,
ese cartel
de
"Cerrado,
por favor,
no molestar".

PRONOSTICAN POESÍA

Hoy
pronostican poesía.

Yo
me dejo el paraguas
y me echo
las emociones.

Así, si se precipita
algún verso desnudo
puedo pararlo
y proyectarlo en tu pecho.

Llenar mis pulmones del aire
que solo se produce cuando llueve,
saltar un par de charcos más
y chapotear mi alegría en tu pelo.

Y así, cuando salga el sol,
te des cuenta
de que la lluvia dibuja
arcoíris en tu cielo.

LA DOULEUR EXQUISE

Acostumbrado a echar cenizas en mi propio infierno.
Perdí la noción de la vida, de tus pestañas y del tiempo.

Besé tanto tu tallo, esa columna vertebral y tus huesos, que ahora mis recuerdos están hechos de raíces de ti.

Recuerdos, incomprendidos a veces por la absurdidad de unos versos.
De los b[v]e[r]sos que arañaban mis venas, suplicándote una noche más, una madrugada más sin control.

Y ahora, te ojeo en los álbumes de mis huellas, sonriendo con tus piernas entrecruzadas, como gritándole al mundo, que los laberintos estaban hechos para ti.

CONTESTADOR

Desde que tú no estás…
suena raro,
pero solo hablo
con mi silencio
y siempre
me responde
tu voz.

MIEDO

Hacía ya tiempo
que no te veía pasar por aquí,
porque cuando llegabas,
lo hacías por las noches.
Aunque yo no te invitara a dormir,
allí era donde más disfrutabas
para que me costara encontrarte,
y entrar en cada uno de mis sueños
y decirle a mi loca cabeza
que solo y únicamente pensara en ti.

Mientras te escondías
en los regocijos de mi cerebro
y con tu armadura salías
en cada uno de mis momentos de cobardía,
de timidez,
de espanto.

¡Miedo!, estoy ya cansado
de que vengas enseñando tus dientes,
y ocultando
todas y cada una de tus intenciones.

Que te asomes en mis vacíos,
para luego colarte
en mis huecos desnudos.

¡Miedo! Que cubres mis heridas
por el temor a que algún día
aprenda a cicatrizarte.

A ti, miedo, que juegas con mis emociones,
que destruyes y desplazas todo lo visible.
Estoy aquí,
te he descubierto,
no vas a frustrarme antes de comenzar a vivir.

Entraste cuando aún te temía,
cuando la vida no me había dado
los palos necesarios
para construir mi glorioso imperio.

Por eso, miedo,
hoy te ordeno que te esfumes,
que te vayas lejos,
muy lejos de aquí.

Ya no soy el discípulo de tus sonrisas,
esas que sacabas con tus peones
y yo cubría con mis alfiles
tus ataques diagonales para lograr subsistir.

Miedo,
ya no piso tus zapatos
al bailar junto a ti.
Ya no me resguardo
en el paraguas de tus lluvias.
Sé quién eres,
no tengo precisamente lo que eres tú:
miedo.
Estoy ante ti,
ya no te temo,
te he descubierto,

confío en mí,
porque hoy tu miedo,
soy yo.

Todo, nada.
No hay diferencia

No sé si «eso... fue todo»

o «todo... fue eso».

Lo que sí sé

es que

desde entonces

«nada... fue lo mismo».

POLOS OPUESTOS

Decíamos esa estupidez
de que «somos diferentes»,
sin comprender
que los polos opuestos
siempre se atraen.

Decíamos eso,
en vez de darnos un abrazo
que nos rompiera por fuera
y nos edificara por dentro.

CABEZA VS CORAZÓN

Escuché al corazón,
pero él no entendió
que desde hacía ya tiempo
mi cerebro
no entiende
de sentimientos.

Mi cabeza
ahora solo entiende
de vasos vacíos,
de discos rayados,
de espacios sin fondo.

AGÁRRATE ALEGRÍA (SEROTONINA)

Agárrate a mi cuerpo.
Agárrate a la sabia de mi tronco.
Agárrate a cada uno de los músculos que unen mi torso.

Agárrate a mí.
Agárrate y no te sueltes.
Fuerte. Nunca.

Agárrate a mi cuerpo.
Agárrate a cada gota de sudor que sale de él.
Agárrate a mi furia, tira de ella sin dudar.

Agárrate a mi potencia, a mis ganas, a mi pasión.
Agárrate a mi sonrisa.
Agárrate a cada hoyuelo que salga de ella.

Piérdete en mis deseos y agárrate a ellos.
Agárrate a mis sueños,
muévelos como marionetas en la Luna.

Agárrate a mis pensamientos,
a mis locuras,
agárrate a mi luz.

Agárrate a mi mirada,
hazla tuya
y mira el mundo con ella.

Agárrate a mi vida.

CADA UNO DE MIS DESEOS

De noche,
no sé por qué,
pero es cuando está más guapa.

Y, después de aquella cena,
entre copas,
se fue a dormir primero a la cama.

Al llegar yo,
estaba allí, acostada,
tirada entre las sábanas
con su pijama de invierno.

Con un pijama que,
aunque la vistiera,
desnudaba mis emociones,
mis sentimientos…

Desnudaba
una y otra noche
cada uno de mis deseos.

TUS LUNARES

Y si en vez de hablar de política,
hablamos de tus lunares.
De las sonrisas que dejas clavadas
en mi espalda cuando te vas.

Y si en vez de hablar de fútbol,
hablamos de cómo demonios
pensábamos que esto no iba a funcionar.

Y aquí estamos,
gritándole al mundo
que brillamos más que su sol.

TODO LO BUENO ESTÁ POR LLEGAR

Cuando se termina una relación,
hay que dejar tiempo.
Ceder paso a tus colmillos
para que se vuelvan a afilar.

Y entonces respirar,
no dos o tres veces,
sino miles,
miles más.

Oxigenar una rutina pasada,
una boca que ya no besarás,
olvidar unos ojos
que ya no te mirarán igual.

Respira,
aléjate,
si tiene que volver, volverá,
y si no, recuerda esto:
todo lo bueno está por llegar.

HAREMOIS (HAREMOS)

Haremos cosas
gigantes.

Haremos cabañas en el mar
y ríos en la niebla.
Lo haremos todo. Todo…

Haremos saltos de aptitud,
felicidad en los huecos,
esos que están en el fondo,
hasta ahí llegaremos.

Haremos cosas inimaginables
e imaginaremos cosas,
de esas que pican la garganta,
que despeinan la coleta,
de esas que te tienes que quitar los zapatos
para pasar por encima de ellas.
Haremos éxito…

Haremos todo lo que nos propongamos
y propondremos todo.
Ahí,
delante de nosotros,
todo,
con la infinidad de poder escoger cualquier sonrisa.

Suéñame

Tú
suéñame.

Yo prometo
aparecer
en tus sueños.

T-U B-O-C-A

Porque soy
el causante
de los dos paréntesis
de tus sonrisas,
en donde dentro está tu boca,
esas líneas curvas
en las que deseo
no solo perderme
gramaticalmente.

Herir
cada una de tus sintaxis
subordinándome
a las raíces de tu cuerpo.

B[v]e[r]sarte
durante toda la noche
con todas y cada una
de las letras del abecedario.

No encontrar
más sinonimias
que determinen
tus sonrisas.

Y besar
todos tus huecos,
aunque estéticamente
no suene correcto.

POR SABER DE TI

Todavía me queda mucho por saber de ti.

Adivinar el tacto de tus huesos, o el olor de tus caricias.
O, por ejemplo, si eres de las que te muerdes las uñas antes de que te den la nota de tu último examen.

Si tienes esa sonrisa porque alguna vez te has enamorado, o porque nunca lo has estado, y entonces no sabes de vacíos, de puntos y aparte y simplemente te sientes libre.

Si alguna vez, como quien se queda atrapado en un ascensor, te han roto el corazón a golpes, y no has tenido ni un solo agujero para ventilar tu ansiedad.

Todavía me queda por saber si una noche cualquiera, te despierto y te digo que subas a bailar conmigo a la azotea, y tú, no me preguntes por qué; y supieras simplemente que a veces necesito hacer cosas estúpidas para comprender este mundo loco.

Necesito saber si eres de las que me cuidarás cuando finja estar más resfriado de lo que estoy, o si al acostarme me darás un beso en la frente, de esos que asustan a los miedos.

Que me digas que no me haces la comida, que yo tengo dos manos para hacerla igual que tú.

Que me folles por la noche y me hagas el amor por la mañana.

Que desayune tu sonrisa y almuerce tus lágrimas cuando tengas ganas de llorar.

Esas son solo unas de las tantas cosas que aún me quedan por saber de ti.

APRENDÍ

Aprendí que vale más
que te rechacen por ser sincero
a que te acepten por ser hipócrita.

Aprendí a no preocuparme por lo que cuesta,
o si hace daño,
que la vida misma te va enseñando.

A aceptar los consejos de otros,
pero nunca renunciar a tu propia opinión,
porque así irás con creces;
no te conformes con lo que necesitas,
lucha por lo que te mereces.

Aprendí que una sonrisa dice mil palabras
y una palabra mata mil sonrisas,
a dejar de pensar en la vida
y empezar a vivirla.

A los domingos por la tarde,
al insomnio enterrado,
a no echar de menos besos
que no tengo a mi lado.
A los días de resaca
y las tardes sin ti,
a saber decir adiós
antes de partir.

A las duchas eternas,
al desayuno en el jardín,

a que dos y dos no siempre son cuatro
y a la sintaxis que viví.

A que me entierren
y ser semilla para resurgir,
a ver el objetivo y cazarlo,
a veces si disparas al rey
más te vale matarlo.

Y a enamorarme un frío enero,
y es que el mar en calma
nunca hizo buenos marineros.

Aprendí a decir que no,
no importarme lo que opinen los demás,
que no me diera miedo la oscuridad,
porque yo
he nacido
para brillar.

DESPERTÉ

Y
un día más
desperté…

Deseando
volver
a soñarte.

RÓMPEME EN PEDAZOS

Rómpeme en pedazos
y organiza mi vida.
El desastre interior
es el peor caos
que puede tener uno mismo.

Rómpeme en pedazos
con tus besos,
con tus sonrisas,
con la forma en que me miras
mientras deseo que todo esto
nunca cambie.

Rómpeme en pedazos
cuando finjas estar ausente,
asustada,
divagando entre el pasado
o el presente.

¿QUÉ ES POESÍA?

¿Qué es poesía?
Dices mientras clavas
en mi pupila tu pupila marrón.

¿Qué es poesía?
¿Y tú me lo preguntas?
Poesía... es despertarme cada mañana con los pies enlazados
a las sábanas de tu vida.

Poesía es cada noche soñar contigo y despertarme pensando
que sigo en el mismo sueño.
Es que mis labios ya no quieran conocer otros colmillos, más
que los tuyos.

Poesía es cuando te veo y se me acelera el corazón, gritando
en cada latido tu nombre.

Poesía es verte rabiar cuando te llamo de esa manera que no
te gusta, o tu cara cuando me preguntas qué es lo mejor de ti
y no sé responderte.
Y yo siempre te contesto que recuerdes cuando leímos jun-
tos "El principito", *lo esencial es invisible a los ojos.*

Poesía es, después de unos cuantos tropiezos, unas cuantas
derrotas, seguir buscándote porque sabía que, en algún lugar
de este loco mundo, existirías.

Así que supongo que sí. Poesía... eres tú.

MI PEPITO GRILLO

Y sí,
la veo a ella…
aunque en los sueños
me dicen que no crea.

Deberían
llamarse pesadillas,
porque una noche tras otra
la busco,
de veras.

Y no sé
si lanzarme a decirle algo
mientras mi Pepito Grillo
me pregunta:
«¿A qué esperas?».

Olvidarte

Te juro

que si no puedo

olvidarte…

te voy a dejar

de recordar.

SALTA

Si no alcanzas la felicidad, salta.
Salta más alto.

Salta con los cambios de planes,
con los cambios de metas.
Salta con la razón por la que luchaste
cuando te sentiste vencido.
Salta con el paraguas de colores
para días nublados.

Salta con los lunes,
con las crisis,
con la envidia,
con el vaso medio vacío,
con la mente negativa,
con las segundas oportunidades,
salta con las caras de perro de la gente.

Salta con tu puzzle,
con sus piezas,
con esa confusión
y entiende que
todo sucede por algún motivo.

Y si en el camino de ese motivo
tropiezas,
levántate
y salta más alto.

ODIO

Estas son todas y cada una de las cosas que odio de ti:

Odio
que tu manera de besar esté exenta al paso de mis años.

Odio
que mi cerebro un día apueste por olvidarte y al siguiente por buscarte,
sin saber que te escondes en los regocijos de la distancia.

Que mis raíces estén pendientes de tus ramas, de tus tallos,
de las hojas secas que caen en otoño cuando tú no estás.

Que mis ojos transformen toda tu luz artificial
en el paraje más natural que hayan visto jamás.

Odio
ser consciente de que fuiste un error que siempre quise cometer.
Que de la inmensa cantidad de agua
que hay en el planeta,
tu cuerpo siga pareciéndome
el mejor lugar para navegar sobre él.

Odio
que mi cabeza siga pensando que algún día te darás cuenta
de todo lo que sentía por ti.
Y que mis pensamientos siempre estén encantados de recibirte.
Ahí, con dos cojones, con alfombra roja.

Y lo que más odio,
es llegar a pensar que estoy más enamorado
de tu recuerdo que de ti.

Y que si esta noche, al mirar el teléfono, de las veinte veces
que me desvelo en madrugada, veo tu número,
dos años después, a las 3:00 de la mañana,
mis torcidos dedos todavía deseen
devolverte la llamada.

HAMOR CON «H»

Me gustaría saber
si me recuerdas
la mitad de veces que,
a lo largo de todo este tiempo,
yo te he ido imaginando.

Si te revuelves en los sentimientos y,
al menos alguna vez,
me encuentras
divagando por tus recuerdos,
esos que yo aún guardo a quemarropa
y no consigo descubrir la manera
de deshacerme de cada uno de ellos.

Me gustaría saber
si crees que nuestras historias
ya han terminado,
y, como un cuento que concluye,
no obtiene su continuará,
su qué será
del papel de sus personajes,
que, por desgracia,
lentamente,
se ha olvidado.

Y me gustaría que,
aunque solo sea por un momento,
pensaras
que estos versos no te los escribe,
ni mucho menos,
un hombre enamorado,

sino que los sangra
una persona que aún,
con todo lo que ha pasado,
no es consciente
de que a quien realmente le importas,
pase lo que pase,
siempre
continúa
a tu lado.

FORELSKET

Quizá nunca sienta el olor de la lluvia contigo.

¿Pero… sabes? Has calado hasta lo más hondo de mis huesos.
Y ahora, solo deseo ver arcoíris dibujados en tu pelo.

Deseo que tus besos me humedezcan los labios, y que sepan a mañana fresca, de esas que solo se sienten después de llover.

Aunque quizá no debería besarte si me aterran los truenos, y tus curvas, son las tormentas más peligrosas que han visto mis ojos.

O lo mismo me dejo llevar, como si todo se redujera a un tsunami en tus mares, y así, arrases con todos mis miedos.

BÉSAME

Creo
que es mejor
que me beses…
antes
de que nos preguntemos
por qué.

EL MUELLE

No entiendo que haya gente que me pregunte por qué sigo yendo allí, a aquel muelle.

Sigo yendo porque todavía la siento. Porque su presencia se fue, pero tendrán que tirar toda esta madera para que se esfume su sonrisa grabada con unas llaves un abril. Nuestras llaves...

«Que solo voy a hacerme más daño», «Que ya se fue y nunca volverá», «Que tengo que aprender a pasar página», «Que esta vida es muy puta y las buenas personas siempre se van».

Yo siempre les digo que no se preocupen por mí, que estoy bien.
Que por dentro todavía la siento cuando me desvelo entre la madrugada.
Aún sigo bebiendo de la misma taza donde te dejaste el café cuando te llamaron rápido del trabajo.

Maldita llamada.

Ahora saco yo a «Hacky» cuando se vuelve loco por las mañanas para que lo lleven a pasear, aunque no le guste tanto subirse a mis rodillas como a las tuyas.

Por todas esas pequeñas cosas, yo sigo viniendo aquí.
Porque creo que uno siempre vuelve a los viejos sitios donde amó la vida.

Y yo, aquí, te amé a quemarropa, sin prejuicios, te amé por lo que eras, por lo que eres.

Por eso, mientras siga viniendo a este muelle, tú siempre estarás conmigo.

CIEN POR CIEN

No sé si estaré preparado para el mañana,
lo que sí sé
es que no lo estoy para el ayer.

No sé si sonreiré esta mañana,
ya que dicen
no ha parado de llover.

No sé si recuerdas lo que fuimos,
o somos humo
y como humo se fue.

No sé si enmascararme con el tiempo
o saber que hay que vivir
al cien por cien.

MI ESTACIÓN

Dicen
que el tren
solo pasa una vez.

Lo que no te explican
es que lo puedes coger
en cualquier estación.

EL VERBO MÁS BONITO

Vivir
es el verbo más bonito,
siempre
que se conjugue
a tu lado.

CERILLAS

No sé si lo sabes,
eres fósforo.
Sí, dinamita de hogar.
Más del tres por ciento
del sulfuro de hidrógeno
de este desgastado cuerpo.

No sé si sabes
que existe
un fuego dentro de ti,
que solo tú puedes prender.

Y de ahí saltan las chispas
que encienden mis sonrisas
y alumbran mis días,
de ahí sale esa llama
que apaga todo lo ajeno,
lo abstracto,
lo diverso.

De esa combustión,
se abalanzan los restos,
las cenizas,
que hacen que mi vida
esté sola y únicamente pendiente
del frotar de tus cerillas.

40.000 kilómetros

Cuarenta mil kilómetros
de tierra
alrededor del mundo
y tu sonrisa
sigue pareciéndome
el mejor rincón
para perderme.

QUIERO UN AMOR DE PUNTILLAS

Hoy todo lo que digas me va a dar igual.

Que si no conectaron nuestros extremos, que si nos conocimos en el momento menos indicado, «que si...», «que si...», ¡que mi cerebro ha empezado a cansarse ya de ti!

Quiero una chica que no tema soltarse el pelo ni tomarse el zumo de naranja con las legañas en los ojos, quiero que me den las buenas noches, sí, todos los putos días, porque eso es algo grande, eso es amor.

Quiero poder tener la libertad de decírtelo todo, sin tener que callarme nada.

Quiero que me digan: «Pide un deseo», y en lo primero que piense sea en ti.

Y no, no te confundas, no quiero algo fácil y sencillo.
Quiero que al mirarte a los ojos, piense que tanta historia, tanta vida con tanto cosmos... y haber tenido la suerte de coincidir.

Quiero un amor complejo, de esos que se cuidan todos los días para que no caigan sus talones.

Quiero un amor de puntillas.

¿DÓNDE TE ENCUENTRAS, SONRISA?

Hoy te he buscado
y no te he encontrado,
sonrisa.

He indagado,
sin permiso,
hasta en mis cicatrices más profundas.
En los cráteres de los volcanes que un día,
hace ya más de siete primaveras,
erupcionábamos juntos.

Hoy te he buscado
entre los abismos del temor,
por los declives del espanto,
por los susurros
que nos murmullábamos
cuando todavía no habían aparecido
estas canas en mi pelo.

Dónde te ocultas, sonrisa,
¿por qué no sales a pasear
por las alamedas de mi vida
y te sientas en los bancos de mi alegría
a ver pasar despacio,
como cuando éramos niños,
esta loca vida?

¿Por qué no juegas a ser joven,
irrumpir en mi piel incisiva,
quitarnos un par de arrugas,
y dejar a un lado las prisas?

Volverte de mis hechizos sumisa,
que aparezcas de repente,
y te quedes para siempre,
sonrisa.

LA LUNA

Quizá la Luna
está ahí arriba
para que nunca
tengamos la excusa
de sentirnos solos
aquí abajo.

DESVELOS

A veces
no entiendo cómo
durmiendo tan poco,
te puedo
llegar
a soñar
tanto.

SUPONGO

Supongo que será difícil
que la vida dure más de ochenta años.
Que esté siempre bien en el trabajo.

Supongo que ahora soy joven,
pero mi gente algún día faltará,
algunos de improvisto,
intentaré estar preparado.

Supongo, que algún día, en el siguiente año, lloraré,
en algún momento no seré feliz,
algún mes vendrá raro,
posiblemente ahí llueva más de lo normal.

Supongo que todo esto pasará,
pero disfrutaré cada segundo
de esos ochenta años,
empezando por hoy.

Disfrutaré de menos momentos,
y más intensos, con la gente que quiero,
también hay que tener momentos
para uno mismo.

Y supongo
que gastaré todos los boletos que tenga
en sonrisas,
de esas que cambian la alegría,
de esas que son más baratas que la electricidad
y dan más luz.

Y supongo
que todo esto que escribo
es porque la sonrisa es mía,
pero el motivo eres tú.

DISPARO

Me gustaría
que me dispararas
tan fuerte,
que el metal
me rompiera la coraza,
igual que me han roto
alguna vez
el corazón.

LO MEJOR DE MÍ

Quiero que adivines
qué es lo mejor de mí,
todo aquello
que yo aún no sé.

Aquello que mi cuerpo
no se ha estudiado a sí mismo,
que lo descubras
y te enamores de lleno.

Quiero que descubras quién soy yo,
los regocijos de mi alocado cerebro,
esos que a veces piensan de más
y otras tantas razonan de menos.

Quiero que seas distinta, mi musa, mi sueño.
Quiero que gritemos al mundo
que estamos locos,
y que ellos, mientras tanto, se crean los cuerdos.

CORDÓN UMBILICAL

Hoy es tu día.
Gracias.
Gracias por ser tú,
por cortar nuestro cordón umbilical
pero seguir aferrada a mí.

Gracias por verme crecer,
por ayudarme a crecer,
por enseñarme a crecer.

Gracias por curarme
las heridas de mi barbilla,
las fisuras de mis miedos,
gracias por curar todas las fracturas de mi vida.

Gracias por enseñarme los pasos en mi camino,
por ofrecerme todo sin pedir nada a cambio.
Por darme los mejores consejos,
esos que con la edad
me he dado cuenta que eran los correctos.

Gracias por hacerte viajar,
en mis ojos, siendo un crío
a todos los países del mundo que he recorrido.
Por enseñarme lo que es querer a unos abuelos,
lo que significa querer,
el significado del verdadero amor.
Gracias por saber que me he enamorado en esta vida de ti.

De tu forma de ser,
de tu manera de trabajar,

de tus ganas de vivir,
de tu manera de ver el lado positivo de la vida.

Y sobre todo, gracias por quererme como soy,
con todos y cada uno de mis fallos, de mis errores,
por darme los mejores consejos en la vida
para intentar ser cada día un poco mejor.

Simplemente, gracias por ser tú.
Por verte cada día
y sentirme el hombre con más suerte
y más feliz del mundo.

Por dedicarte estas palabras ahora
y no arrepentirme
de no habértelas dicho
en un futuro.

Gracias por estar en cada una de mis caídas,
de mis sueños,
de mis inquietudes,
de mis deseos
y por compartir todo ello conmigo,
haciéndote más feliz
el mero hecho de verme a mí
con una sonrisa
que tu propia felicidad.

Gracias por ser tú, Mamá.

MÁS QUE TODO

No te sueltes. Estoy contigo.

Somos uno. Más que todo.

POR EJEMPO

Hay cosas que me encantan.
Tú ya no, por ejemplo.

Hay cosas por las que me arriesgaría.
Y por ti ya no, por ejemplo.

Hay besos que siempre recordaría.
Y los tuyos ya no, por ejemplo.

Puntos suspensivos

Tú...

Así, tal cual,

con puntos suspensivos,

con una línea larga,

con un final que no termina...

BRÚJULA

Dicen
que hace falta desorientarse,
una y otra vez,
para saber quién eres.

Y sobre todo,
encontrar ese punto cardinal
donde todos soñamos con llegar.

Y allí,
aprender de tus errores,
asustar a tus miedos,
y disfrutar con tus locuras.

RECUERDOS DESNIVELADOS

Alguna tarde cualquiera
nos encontraremos frente a frente,
probablemente en invierno,
y tú lleves ese vestido rojo que tanto me gusta.

Nos encontraremos en miradas,
en sentimientos, en locuras pasadas,
pero seré solo yo
el que me pierda dentro de ellas.

Supongo que tú girarás la cabeza
como giraste el rumbo de nuestras vidas
y se volcaron mis sonrisas
junto a tus labios.

Yo, como un idiota, intentaré saludarte,
intentaré saber de ti, algo más de lo que no sé
en lo mucho que ya te busco día a día,
no solo en internet, en amigos comunes, sino en mi mente,
de donde creo que jamás encontraré la llave para poder
echarte.

Alguna tarde nos encontraremos,
tú caminarás pausada, como tu respiración,
acostumbrada a una nueva vida que yo aún no asimilo,
no me acostumbro a levantarme sin ti, desayunar sin ti,
no dormir enredado en tus brazos.
Y probablemente, y será aún peor,
ese día, no gires la cabeza,
me mires frente a frente y me dirijas una sonrisa
que yo, lógicamente, transformaré en esperanzas

que, como el aire, a los días, parece que se van.
Pero no, siempre están.

Y… ¿sabes? Qué locura. Siempre tengo el mismo sueño.
Una y otra noche te veo una tarde cualquiera y no me reconoces.
Parece que nuestras vidas nunca se han cruzado,
no sabes quién soy, mientras yo, con diez años de ventaja lo
sé todo de ti.

No me conoces…
y con tus iris clavados en mis ojos,
me preguntas mi nombre.
Y cuando te lo digo,
sacas la misma sonrisa,
ésa que aquella tarde,
hace tanto tiempo,
me hizo
enloquecer.

DILE «SÍ»

Dile «sí»,
cuando al tiempo te la encuentres,
con su sonrisa,
en el lugar menos apropiado.

Dile «sí»,
aunque te estés rompiendo en pedazos.

Dile «sí»,
aunque por dentro
tu corazón no flote lo suficiente
y la sangre que bombea
no te permita alzar la voz.

Cuando te la encuentres,
aunque no lo sientas,
dile «sí»,
cuando la veas
entre la vida y su vaivén.

Dile «sí»,
cuando te pregunte:
«¿Todo va bien?»

NO SE PUEDE BRILLAR SIN OSCURIDAD

Si quieres,
subimos a las nubes
y nos precipitamos
los sueños.

Esta noche mismo,
trepamos hasta las estrellas
y te demuestro
por qué no se puede
brillar sin oscuridad.

BUENAS NOCHES

Tanto tiempo
deseando a distintas
«buenas noches».

Y hoy,
durmiendo contigo,
me doy cuenta
de la importancia
que tiene su significado.

HÉLICES

Porque mis hélices
ya no giran
en la dirección de tu viento.

Y en los restos de mi caja negra,
ya no se escuchan
tus susurros,
tus latidos,
tus sentidos.

Eres lectura

Eres

el índice de mi novela.

La viñeta

de mis comics.

Y los versos

de mi vida.

ELLA

Me espero un instante sin moverme, quieto, tranquilo. La brisa del mar me observa e incluso cuestiona mi pasividad. El momento es de ella. Camina paulatinamente hacia mí. Atrás deja un sendero de huellas, que la brisa del mar va borrando con indecisión. Su vestido acuchilla el viento, que, por encima de sus pasos, guillotina la cordura humana. Sus caderas gesticulan el garabato de un niño en un cuerpo de mujer, y su torso deja intuir una preferencia de mis gustos, desencajados por mi mutilada predilección.

A lo lejos, el mar enfila las olas que quieren tocarla, pero la arena domina el momento e inmoviliza su espuma.

Y cuando se acerca a mí, desenfunda mi arma favorita, con la que mejor apunta a mi corazón, su sonrisa.

Entonces yo, huérfano en la inquisición de mis sentimientos, flojeo entre la arena y siento que soy el hombre más poderoso de la Tierra.

COMO PIEDRAS EN EL MAR

Los que no se mueven,
no saltan al vacío
o no corren contra la tempestad,
se hunden.
Se hunden como piedras
en el fondo del mar.

Los que no tienen ambiciones,
los que no encuentran por qué luchar,
se hunden,
como piedras
en el fondo del mar.

Los que callan,
los que otorgan,
los que no saben por qué gritar.
Los que por miedo no mueven ficha,
o la dejan siempre atrás,
se hunden,
se hunden como piedras
en el fondo del mar.

Los que no bailan
al ritmo de la alegría,
los que sus fuerzas
no se enfrentan al día a día,
los que se parten
en pedazos al hablar.
todos ellos,
se hunden,
como piedras en el mar.

Solo flotan aquellos
que no están dispuestos
a ver la vida pasar,
esas personas que sienten el viento
en sus manos rozar,
sin importar nada más,
solo palpar el aire
y disfrutar.

Y es que estos también son rocas
y podrían estar en el fondo del mar,
pero, cuando no existe otra salida,
buscan fuerzas
para poder respirar.

LAS DOS CARAS DE LA VIDA

¿Sabes…?,
he conocido las dos caras de la vida.
He palpado el techo del éxito
con la punta de mis dedos
y también he arañado
la ingravidez del fondo.

He vivido momentos buenos,
de esos que te dejan sin aliento,
y también malos,
de esos que te dejan sin sonrisas.

Me he enamorado,
no lo he estado,
también he creído alguna vez que sí
y alguna otra he fingido estarlo.

He visto niños
mendigar en la calle,
y otros
gritar por un helado.

He llorado varias veces,
sobre todo en invierno,
cuando la lluvia
no solo moja las ventanas.

Pero,
algunas veces,
ha sido de alegría.
Lo he visto todo,

o casi.
He visto la dulzura,
la pasión,
el misterio.

He visto todo,
y a veces
no aprendido demasiado.

Pero ¿sabes...?,
en este mundo de locos,
en este caos sin dirección,
he sabido cuándo compraba
un billete de vuelta,
y otro de ida;
y así,
con esta filosofía,
he sabido bailar
con las dos caras
de la vida.

EL PESO DEL VIENTO (POR QUÉ ESCRIBO)

Escribo porque la vida
no caligrafía recto,
siempre se olvida
acentos importantes en el camino.

Porque es muy puta
para no intentar
comprenderla
con palabras.

Escribo porque la poesía
me explica
de qué color es el agua,
a qué saben las palabras
o cuánto pesa el viento.

Porque no consiento
ver la vida pasar entre mis ojos
sin que sepa el tiempo
que he averiguado su secreto.

Porque saco el sol en mis días nublados,
porque mis noches de tormentas
las alumbras con tu luz.
Esa que ilumina las paredes de mi soledad,
cuando la oscuridad
no me deja trepar por ellas.

Y tú, con tus garabatos
en forma de sueños,
les pones un par de capas de pintura.

Escribo simplemente
por una razón,
porque me dejas
ser «yo»,
dentro de «mí».

CUÍDATE

Aún recuerdo,
y todavía no he podido
despegar de mis neuronas
sus últimas palabras:
«Espero que estés bien.
Cuídate».

Cuídate.
Como si olvidarte
fuera solo dejar de escribirte.

Cuídate.
Como si arrinconarte
fuera solo una cuestión de espacio.

Cuídate.
Como si ignorarte
fuera solo dejar de pensarte.

Cuídate.
Como si perderte
no fuera dejar de vivir

GRACIAS

Gracias.
La palabra que deberíamos gritar más
y callar menos.

Gracias.
La palabra que deberíamos escribir más
y borrar menos.

Gracias.
La palabra que deberíamos oír más
y silenciar menos.

Gracias,
gracias
y millones de gracias.

Índice

Printed in Great Britain
by Amazon